초등어휘 레벨업

신비아파트

공포의 교과서
관용어
따라쓰기

1

(주)학산문화사

신비아파트 이렇게 활용하세요

신비와 친구들과 함께라면
어려운 관용어 도 머리에 쏙쏙~ 즐겁게 익힐 수 있어요!

1 만화를 통해 관용어가 바로바로 이해되고 알 수 있어요.
바로 아래 관용어 뜻과 예문을 다시 한번 표기해 이해를 도와줍니다.

2 앞에서 배운 관용어를 따라 쓰면서 익힐 수 있어요.

귀신이 내는 사자성어 퀴즈를 맞혀 보세요.
신비아파트에 나오는 귀신에 대한 정보도 알 수 있어요.

앞에서 배운 관용어를
다시 한번 복습할 수 있어요.
헷갈렸던 관용어를 체크해 보세요.

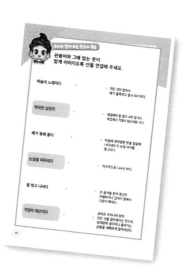

신비와 친구들의
그림을 비교해 보고
다른 곳을 찾아보세요.
관찰력과 집중력이 쑥쑥 올라가요.

신비아파트 캐릭터 소개

신비(102살)

신비아파트가 100년 된 순간 태어난 도깨비

신비는 신비아파트 맨홀 안에서 살고 있다. 잘난 척, 용감한 척 다~ 하지만, 알고보면 둘째가라면 서러운 겁쟁이다! 더 강력해진 귀신들을 상대할 수 있도록 하리, 두리에게 업그레이드 된 '고스트볼 X'를 선물한다.

금비(600살)

미소년 박애주의자인 밝고 순수한 조선 시대 도깨비

밝고 순수하며 사투리를 쓴다. 미소년 박애주의자로서 꽃미남 강림과 리온에게 빠져 있다. 평소에는 철없는 어린아이 같지만 귀신이 나타나거나 위기의 순간에는 진중하고 진지한 모습을 보인다.
시간과 관련된 요술을 사용할 수 있다.

구하리(12살)

호기심, 의욕 그리고 힘도 넘치는 두리의 센 누나

동생인 '두리'를 잘 챙기며 엄마를 닮아 정의감이 강하고 겁 많은 도깨비 신비를 도와 귀신들을 승천시킨다.

구두리(10살)

하리의 동생이자, 신비와 겁쟁이 콤보

귀신을 엄청 무서워하며 위급한 상황이 생기면 늘 '누나!' 하고 외치며
도움을 요청한다. 눈물도 많고 정도 많은 막내지만 위기에 처한 누나를
구하기 위해 혼자 귀신과 맞설 만큼 조금씩 성장 중!

최강림(12살)

별빛 초등학교 최고의 인기남

멋지고 잘생겼는데 차가운 매력까지? 강력한 귀신들과 맞서 싸울 정도로
힘도 갖췄다. 이런 차도남도 하리가 위험에 빠질 때면 누구보다
빠르게 지켜주러 간다!

리온(12살)

스윗한 외모에 밝고 쾌활한 성격까지
강림과 정반대의 매력을 가진 라이벌

서양인 아버지와 한국인 어머니 사이에서 태어난 혼혈아인
'리온'은 비밀 퇴마 집단 '아이기스'의 최연소 퇴마사이다.

신비아파트 차례

숨 돌릴 사이도 없다
눈이 번쩍 뜨이다

자취를 감추다
뜨거운 맛을 보다

귀에 못이 박히다
입에 달고 다니다

1장

• 숨 돌릴 사이도 없다
• 눈이 번쩍 뜨이다

숨 돌릴 사이도 없이 올라오려니 힘들었어.

벌써 꼭대기까지 다왔네.

공기가 너무 좋다.

그래, 꼭대기까지 온 보람이 있네.

와아~ 오랜만에 산에 오니 정말 좋다.

눈이 번쩍 뜨일 정도로 멋진 풍경이야.

관용어의 뜻

숨 돌릴 사이도 없다 : 빨리 움직이느라 숨이 가빠졌지만, 그걸 가라앉힐 여유가 없다.

예문 자전거를 타고 들어와서 숨 돌릴 사이도 없이 달리기를 시작한다.

눈이 번쩍 뜨이다 : 정신이 갑자기 확 든다.

예문 치킨 냄새가 나자, 졸면서 숙제를 하던 두리의 눈이 번쩍 뜨였다.

와 느그들끼리만 갔노? 내도 산에 가는 거 좋아하는데.

숨 돌릴 사이도 없다

숨		돌릴		사이도		없	다

눈이 번쩍 뜨이다

눈	이		번	쩍		뜨	이	다

귀신의 사자성어 퀴즈

다음의 자음 글자가 들어가는 사자성어를 맞혀 보아라. 쥐 괴물의 공격을 받고 싶지 않다면 빨리 맞혀야 할 것이다!

진명 / 검은 퇴마사

종류 : 악귀
스킬 : 쥐들을 괴물로 변신시켜 부하로 조종하는 능력 /
　　　 사람에게 빙의해서 조종하는 능력
크기 : 175cm
퇴치 방법 : 강림이 수신의 불로 소멸시킴

ㄱ	ㅇ	ㅇ	ㅅ

신비의 힌트

얼핏 듣기에 달콤하게 들리는 말로 귀가 솔깃하도록
하여 다른 사람을 꼬임에 넘어가게 한다는 뜻이에요.

정답 : 감언이설

·자취를 감추다
·뜨거운 맛을 보다

자취를 감추다 : 남이 모르게 어디로 가거나 숨다.

예문 대형 수염 고래는 현재 동해안에서 자취를 감췄다.

뜨거운 맛을 보다 : 큰 고통이나 어려운 일을 겪다.

예문 그래, 뜨거운 맛을 봐야만 정신을 차리겠단 말이지.

자취를 감추다

자취를 감추다

뜨거운 맛을 보다

뜨거운 맛을 보다

다음의 자음 글자가 들어가는 사자성어를 맞혀 보아라. 내 입에서 나는 검은 기운 때문에 역병에 걸리고 싶지 않다면 꼭 맞혀야 할 것이다!

양괭이 / 어둠의 사신

종류 : 선귀
스킬 : 낫이 달린 꼬리를 이용한 공격 /
　　　입에서 토해내는 검은 기운(역병의 기운)
크기 : 180cm
퇴치 방법 : 상처투성이인 발에 신발을 선물해 주며
　　　　　 위로

| ㅁ | ㅇ | ㄷ | ㅍ |

신비의 힌트

동쪽에서 불어온 바람이 말의 귀를 스쳐 지나가듯,
남이 하는 말을 귀담아 듣지 아니하고 지나쳐
흘려버린다는 뜻이에요.

정답이에요 : 마이동풍

· 귀에 못이 박히다
· 입에 달고 다니다

들키기 전에 얼른 사서 먹어야지.

그만 먹으라는 누나 잔소리 때문에 귀에 못이 박히겠어.

치사하다! 혼자 먹으려 하다니!

두리! 너는 하루 종일 과자를 입에 달고 다니니?

누나! 신비!!

관용어의 뜻

귀에 못이 박히다 : 똑같은 말을 여러 번 계속 반복해서 듣는다.
예문 엄마가 숙제하라는 얘기를 매일 해서 귀에 못이 박혔어.

그렇게 맨날 과자를 입에 달고 다니니, 과자 귀신이 너를 공격하지!

입에 달고 다니다 : 먹을 것을 쉴 새 없이 입에서 떼지 않고 지낸다.
예문 맨날 사탕을 입에 달고 다니더니 충치가 생겼다.

귀에 못이 박히다

귀	에		못	이		박	히	다

입에 달고 다니다

입	에		달	고		다	니	다

귀신의 사자성어 퀴즈

다음의 자음 글자가 들어가는 사자성어를 맞혀 보아라. 무시무시한 나의 괴력에 다치고 싶지 않다면 꼭 맞혀야 할 것이다!

금돼지 / 탐욕의 포식자
종류 : 선귀
스킬 : 폭식하게 만드는 검은 기운 / 무지막지한 괴력
크기 : 300cm
퇴치 방법: 따뜻한 밥을 대접하여 위로

ㅈ	ㅅ	ㅅ	ㅇ

신비의 힌트

굳게 먹은 마음이 사흘을 가지 못해 다시 풀어진다는 뜻으로, 새해 첫날 한 결심이 3일이 안 돼서 약해질 때 많이 쓰지요.

작심삼일 : 정답

관용어와 그에 맞는 뜻이
맞게 이어지도록 선을 연결해 주세요.

귀에 못이 박히다 •

• 빨리 움직이느라
숨이 가빠졌지만,
그걸 가라앉힐 여유가 없다.

입에 달고 다니다 •

• 정신이 갑자기 확 들다.

자취를 감추다 •

• 남이 모르게
어디로 가거나 숨다.

뜨거운 맛을 보다 •

• 큰 고통이나
어려운 일을 겪다.

숨 돌릴 사이도 없다 •

• 똑같은 말을 여러 번
계속 반복해서 듣다.

눈이 번쩍 뜨이다 •

• 먹을 것을 쉴 새 없이
입에서 떼지 아니하고 지내다.

두 그림 중 서로 다른 곳 5군데를 찾아
아래 그림에 ○해 보세요.

식은 죽 먹기
간이 오그라들다

눈도 깜짝 안 하다
머리털이 곤두서다

말꼬리를 물고 늘어지다
화통을 삶아 먹다

2장

・식은 죽 먹기
・간이 오그라들다

캠핑도 좋아하지만 사실 난 좀 더 스릴 넘치는 모험을 좋아하거든.

스쿠버다이빙 정도는 식은 죽 먹기지.

갑자기 절벽 밑에 물이…!

세남이 형, 진정해! 스쿠버다이빙 좋아한다며?

무서워서 간이 오그라드는 거 같아!

엉?

 관용어의 뜻

식은 죽 먹기 : 망설임 없이 아주 쉽게 하는 모양.

예문 구구단 외우는 것쯤은 식은 죽 먹기지.

간이 오그라들다 : 몹시 무서워서 마음이 졸아든다.

예문 사자를 눈앞에서 직접 보니, 무서워서 간이 오그라드는 거 같았어.

나 수영 못한단 말야.
흐아〰
너무 무서워.

24

식은 죽 먹기

식 은 죽 먹 기

간이 오그라들다

간 이 오 그 라 들 다

귀신의 사자성어 퀴즈

다음의 자음 글자가 들어가는 사자성어를 맞혀 보아라. 내가 네 입을 지워버리기 전에 빨리 맞혀야 할 것이다!

입질쟁이 / 속삭이는 검은 그림자

종류 : 선귀
스킬 : 공격 대상인 사람의 입을 지운다.
크기 : 300cm
퇴치 방법 : 가은의 위로

ㅇ ㅅ ㅇ ㅈ

신비의 힌트

하나의 돌을 던져 새 두 마리를 잡는다는 뜻으로,
한 가지 일로 두 가지 이익을 볼 때 하는 말이에요.

귀신도 안 무서워?

난 귀신 따위에 눈도 깜짝 안 한다고!

너 재밌다!

머리털이 곤두서는 거 같아!

관용어의 뜻

눈도 깜짝 안 하다 : 큰일을 당하고도 조금도 놀라지 않고 태연하다.

[예문] 자기 가방이 없어졌는데도 강림이는 눈도 깜짝 안 했다.

머리털이 곤두서다 : 무섭거나 놀라서 날카롭게 신경이 긴장되다.

[예문] 천장에서 나는 바스락 소리에 머리털이 곤두서는 거 같았다.

형, 정신 차려 봐! 세남이 형 기절했나 봐!

눈도 깜짝 안 하다

눈	도		깜	짝		안		하	다

머리털이 곤두서다

머	리	털	이		곤	두	서	다

귀신의 사자성어 퀴즈

다음의 자음 글자가 들어가는 사자성어를 맞혀 보아라. 내가 너를 조종하기 전에 사자성어를 맞히는 게 좋을걸!

각귀 / 영혼없는 전사

종류 : 괴수
스킬 : 영혼 없이 입력된 대상만을 집요하게 추적하는 인형
크기 : 177cm
퇴치 방법 : 금비의 시간요술로 인형술사에게 조종 당하기 전의 상태로 되돌린다.

ㅎ	ㅂ	ㅂ	ㅅ

금비의 힌트

엄청 크게 놀라 넋이 나가는 것을 말해요.

관용어의 뜻

말꼬리를 물고 늘어지다 : 남의 말 가운데서 한두 마디의 꼬투리를 잡아 따지고 들다.

예문 제대로 된 토론을 한다기보다 말꼬리를 물고 늘어졌다.

화통을 삶아 먹다 : 목소리가 엄청 크다.

예문 기차 화통을 삶아 먹었니? 수업 시간에 왜 이렇게 소리를 지르니?

말꼬리를 물고 늘어지다

말	꼬	리	를		물	고		늘	어	지	다

화통을 삶아 먹다

화	통	을		삶	아		먹	다

귀신의 사자성어 퀴즈

다음의 자음 글자가 들어가는 사자성어를 맞혀 보아라. 나의 부하인 뱀파이어가 너를 공격하기 전에 맞혀야 한다!

우사첩 / 핏빛제왕의 귀환

종류 : 악귀
스킬 : 뱀파이어들의 피를 빨아 그들을 조종할 수 있다.
크기 : 170cm
퇴치 방법 : 강림, 리온, 이안의 협동공격

ㅇ	ㅎ	ㅈ	ㅅ

신비의 힌트

비가 온 뒤에 대나무 순이 갑자기 자라서 올라온다는 뜻으로, 어떤 일이 한꺼번에 많이 일어날 때 쓰는 말이에요.

정답 : 우후죽순

관용어와 그에 맞는 뜻이 맞게 이어지도록 선을 연결해 주세요.

눈도 깜짝 안 하다 •   • 몹시 무서워서
마음이 졸아들다.

식은 죽 먹기 •   • 큰일을 당하고도
조금도 놀라지 않고 태연하다.

화통을 삶아 먹다 •   • 무섭거나 놀라서
날카롭게 신경이 긴장되다.

머리털이 곤두서다 •   • 남의 말 가운데서 한두 마디의
꼬투리를 잡아 따지고 들다.

간이 오그라들다 •   • 목소리가 엄청 크다.

말꼬리를
물고 늘어지다 •   • 거리낌 없이 아주 쉽게
예사로 하는 모양.

두 그림 중 서로 다른 곳 5군데를 찾아
아래 그림에 ○해 보세요.

하늘이 노래지다
발 벗고 나서다

척하면 삼천리
눈살을 찌푸리다

걱정이 태산이다
배가 등에 붙다

3장

· 하늘이 노래지다
· 발 벗고 나서다

악, 이게 무슨 냄새야? 하늘이 노래지네!

천재야, 괜찮아?

 관용어의 뜻

하늘이 노래지다 : 큰 충격을 받아 정신이 아찔하거나 갑자기 몸에서 기운이 빠지다.

예문 머리를 부딪혔더니 하늘이 노래졌다.

발 벗고 나서다 : 적극적으로 나서서 하다.

예문 그 형은 옳다고 생각하는 일이라면 항상 발 벗고 나서는 사람이다.

괜히 발 벗고 나서서 실내화를 빌려줬나?

하늘이 노래지다

하 늘 이 　 노 래 지 다

발 벗고 나서다

발 　 벗 고 　 나 서 다

귀신의 사자성어 퀴즈

다음의 자음이 들어가는 사자성어를 맞혀 보아라! 네 온몸이 더러워져서 똥냄새가 나기 전에 맞히는 게 좋을 것이다!

취생 / 잿빛향의 저주

종류 : 선귀
스킬 : 피부가 더러워지는 환각에 걸리게 함 /
　　　연기 형태이기 때문에 물리적 타격으로는 피해를
　　　입지 않음
크기 : 무제한
퇴치 방법 : 취생의 생전 물건을 닦아 주며 위로

| ㅇ | ㄷ | ㅅ | ㅁ |

번비의 힌트

용의 머리와 뱀의 꼬리라는 뜻으로, 처음 시작은 거창하나 뒤로 갈수록 줄어드는 모습을 말해요.

•척하면 삼천리
•눈살을 찌푸리다

관용어의 뜻

척하면 삼천리 : 곧바로 우리나라 땅의 모든 것을 알아챈다는 뜻으로, 상대편의
생각이나 돌아가는 상황을 재빠르게 알아차리는 경우를 이르는 말.

예문 어찌나 눈치가 빠른지, 척하면 삼천리다.

눈살을 찌푸리다 : 마음에 못마땅한 뜻을 얼굴에 나타내어 두 눈썹 사이를 찡그리다.

예문 하리가 먼저 과자를 먹자, 두리는 자기도 모르게 눈살을 찌푸렸다.

척하면 삼천리

| 척 | 하 | 면 | | 삼 | 천 | 리 | | | |

눈살을 찌푸리다

| 눈 | 살 | 을 | | 찌 | 푸 | 리 | 다 | | |

귀신의 사자성어 퀴즈

다음의 자음 글자가 들어가는 사자성어를 맞혀 보아라. 내가 사람이 되려면 영혼이 더 필요한데… 네 영혼을 가져가기 전에 빨리 맞혀야 할 것이다.

구미호 / 아홉 개의 유혹

종류 : 괴수
스킬 : 남자아이의 영혼을 빼앗을수록 사람의 모습에 가깝게 변할 수 있다.
크기 : 160cm(사람) 140cm(변신 후)
퇴치 방법 : 리온을 계기로 남자아이들의 영혼을 다 풀어 주고 멀리 떠남

| ㅇ | ㄱ | ㄷ | ㅅ |

신비의 힌트

여러 명이 서로 다른 입으로 같은 목소리를 낸다는 뜻으로, 여러 사람이 똑같이 말하는 것을 뜻해요.

정답 : 이구동성

·걱정이 태산이다
·배가 등에 붙다

관용어의 뜻

걱정이 태산이다 : 해결해야 할 일이 너무 많거나 복잡해서 걱정이 태산처럼 크다.

예문 앞으로 먹고살 생각을 하니 걱정이 태산이다.

배가 등에 붙다 : 먹은 것이 없어서 배가 홀쭉하고 몹시 허기지다.

예문 점심도 못 먹고 산속에서 헤매었더니 배가 등에 붙었다.

걱정이 태산이다

걱	정	이		태	산	이	다	

배가 등에 붙다

배	가		등	에		붙	다	

귀신의 사자성어 퀴즈

내가 똑같은 나뭇가지들을 복사해서 공격하는 걸 원하지 않는다면, 다음의 자음 글자가 들어가는 사자성어를 맞혀 보아라. 호호호!

당목귀 / 금지된 숲의 망령
종류 : 악귀
스킬 : 나뭇가지를 통해 다양한 생명체와 물체로 분신할 수 있음 / 무한 재생되는 본체
크기 : 4m
퇴치 방법 : 물을 흡수하는 뿌리에 전염병을 퍼트려서 나무 본체를 썩게 만듦

ㄷ	ㅂ	ㅅ	ㄹ

신비의 힌트

같은 병을 가진 사람끼리 서로 가엾게 여긴다는 뜻으로, 비슷한 처지에 있는 사람끼리 서로의 처지를 잘 알아준다는 뜻이에요.

정답 : 동병상련

관용어와 그에 맞는 뜻이
맞게 이어지도록 선을 연결해 주세요.

하늘이 노래지다 •

• 먹은 것이 없어서
배가 홀쭉하고 몹시 허기지다.

척하면 삼천리 •

• 해결해야 할 일이 너무 많거나
복잡해서 걱정이 태산처럼 크다.

배가 등에 붙다 •

• 마음에 못마땅한 뜻을 얼굴에
나타내어 두 눈썹 사이를
찡그리다.

눈살을 찌푸리다 •

• 적극적으로 나서서 하다.

발 벗고 나서다 •

• 큰 충격을 받아 정신이
아찔하거나 갑자기 몸에서
기운이 빠지다.

걱정이 태산이다 •

• 곧바로 우리나라 땅의
모든 것을 알아챈다는 뜻으로,
상대편의 생각이나 돌아가는
상황을 재빠르게 알아차린다.

두 그림 중 서로 다른 곳 5군데를 찾아
아래 그림에 ○해 보세요.

간 떨어지다
코를 납작하게 만들다

기를 쓰다
뒤통수를 맞다

눈에 넣어도 아프지 않다
정신이 빠지다

4장

·간 떨어지다
·코를 납작하게 만들다

끼아아악!!

무서운 게 아니라
놀란 거라구!
간 떨어질
뻔했잖아!

예에~
알겠습니다요.

가짜 귀신,
코를 납작하게
만들어 주겠어!

관용어의 뜻

간 떨어지다 : 순간적으로 크게 놀라다.

예문 접시가 떨어지며 '쨍강' 깨지는 바람에 간이 떨어질 뻔했다.

코를 납작하게 만들다 : 기를 죽이다.

예문 반드시 홈런을 쳐서 상대팀의 코를 납작하게 만들 거야.

알고 보면
신비도
겁쟁이래요~

간 떨어지다

| 간 | | 떨 | 어 | 지 | 다 | | | |

코를 납작하게 만들다

| 코 | 를 | | 납 | 작 | 하 | 게 | | 만 | 들 | 다 |

다음의 자음 글자가 들어가는 사자성어를 맞혀 보아라. 나의 노란 불꽃에 타기 전에 빨리 맞히는 게 좋을걸!

청목형형 / 불타는 푸른 눈동자

종류 : 악귀
스킬 : 비명을 지르면서 노란 불꽃의 화염을 반사할 수 있다.
크기 : 40cm(금비와 동일)
퇴치 방법 : 가진 힘이 소진되어 두억시니가 조종을 그만두자 원 상태로 돌아옴

| ㄷ | ㄱ | ㄷ | ㄹ |

신비의 힌트

괴로움과 즐거움을 함께한다는 뜻이에요.

동고동락 : 정답

·기를 쓰다
·뒤통수를 맞다

내가 얼마나 기를 쓰고 살아왔는지 보았느냐?

소용없어!

뭣이?

소환!! 가라!!

번 쩍

망부화!!

나를 이해하는 줄 알았더니… 뒤통수를 맞았네!

슈 파 아

관용어의 뜻

기를 쓰다 : 있는 힘을 다해 애쓰다.

예문 백점을 맞기 위해 기를 쓰고 공부했다.

뒤통수를 맞다 : 믿었던 상대로부터 배신을 당하다.
　　　　　　　신체적이나 정신적으로 예상치 못한 공격을 받다.

예문 그 이야기를 듣고 나는 뒤통수를 맞은 듯한 충격을 받았다.

기를 쓰다

기	를		쓰	다					

뒤통수를 맞다

뒤	통	수	를		맞	다			

귀신의 사자성어 퀴즈

다음의 자음 글자가 들어가는 사자성어를 맞혀 보아라. 방망이에 붉은 기운을 다 끌어모아 공격을 하기 전에 맞혀야 할 것이다!

두억시니 / 저주받은 신의 아이

종류 : 도깨비
스킬 : 품속의 붉은 구슬 속에 봉인된 악귀들을 마음대로
　　　부릴 수 있다 / 거대한 방망이를 휘둘러 공격하고
　　　방망이에 붉은 기운을 끌어 모아 강한 공격을 한다.
크기 : 300cm
퇴치 방법 : 착한 도깨비였을 때의 마을사람들의
　　　　　영혼과 재회 후 한을 풀고 승천

ㅅ	ㅍ	ㄱ	ㅈ

신비의 힌트

모든 일은 반드시 바른길로 돌아가게 된다는 뜻이에요.

사필귀정 : 정답

·눈에 넣어도 아프지 않다
·정신이 빠지다

눈에 넣어도 아프지 않다 : 매우 귀엽다.

예문 눈에 넣어도 아프지 않을 정도로 예쁜 아기.

정신이 빠지다 : 어떤 일에 너무 집중한 나머지 다른 일을 잊어버리다.

예문 게임을 하느라 정신이 빠져 학원 가야 할 시간을 잊어버렸다.

눈에 넣어도 아프지 않다

눈에 넣어도 아프지 않다

정신이 빠지다

정신이 빠지다

다음의 자음 글자가 들어가는 사자성어를 맞혀 보아라. 내 부하가 되기 싫다면 꼭 맞혀야 할 것이다!

진명 / 검은 퇴마사
종류 : 악귀
스킬 : 쥐들을 괴물로 변신시켜 부하로 조종하는 능력 /
　　　 사람에게 빙의해서 조종하는 능력
크기 : 175cm
퇴치 방법 : 강림이 수신의 불로 소멸시킴

ㅇ	ㄱ	ㅇ	ㅂ

신비의 힌트

좋은 일에는 좋은 결과가, 나쁜 일에는 나쁜 결과가 따른다는 뜻이에요.

정답 : 인과응보

관용어와 그에 맞는 뜻이 맞게 이어지도록 선을 연결해 주세요.

코를 납작하게 만들다 •

• 매우 귀엽다.

기를 쓰다 •

• 어떤 일에 너무 집중한 나머지 다른 일을 잊어버리다.

눈에 넣어도 아프지 않다 •

• 있는 힘을 다해 애쓰다.

간 떨어지다 •

• 기를 죽이다.

정신이 빠지다 •

• 순간적으로 크게 놀라다.

뒤통수를 맞다 •

• 믿었던 상대로부터 배신을 당하다.

두 그림 중 서로 다른 곳 5군데를 찾아
아래 그림에 ◯해 보세요.

침이 마르다
열을 올리다

시치미를 떼다
눈에 아른거리다

나 몰라라 하다
눈앞이 캄캄하다

5장

• 침이 마르다
• 열을 올리다

침이 마르다 : 다른 사람이나 물건에 대하여 여러 번 반복해서 말하다.

예문 내 짝이 제주도 여행을 다녀왔다고 입에 침이 마르도록 자랑을 했다.

열을 올리다 : 무엇에 열중하거나 열성을 보이다. 흥분하여 성을 내다.

예문 네가 그렇게 열을 올릴 일이 아니니 참아라.

침이 마르다

침이 마르다

열을 올리다

열을 올리다

다음의 자음 글자가 들어가는 사자성어를 맞혀라. 내 꼬리에 달린 낫이 너를 공격하기 전에 빨리 맞혀야 할 것이다!

양괭이 / 어둠의 사신

종류 : 선귀
스킬 : 낫이 달린 꼬리를 이용한 공격 /
　　　입에서 토해내는 검은 기운(역병의 기운)
크기 : 180cm
퇴치 방법 : 상처투성이인 발에 신발을 선물해 주며
　　　　　위로

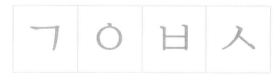

ㄱ ㅇ ㅂ ㅅ

신비의 힌트

정도를 지나쳐서 과하게 하는 것은 부족하게 하는 것만 못하다는 뜻으로, ≪논어≫에 나오는 말이래요.

정답 : 과유불급

• 시치미를 떼다
• 눈에 아른거리다

걱정 마! 엄청 맛있는 데라고 소문났어!

두리가 자기 빼놓고 간 거 알면 화낼 텐데….

두리한테는 비밀이야. 시치미를 뚝 떼야 해.

자꾸 두리가 눈에 아른거리기는 하는데…. 할 수 없지.

부웅

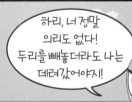

와~ 버스 왔다!!

하리, 너 정말 의리도 없다! 두리를 빼놓더라도 나는 데려갔어야지!

 **관용어의 뜻**

시치미를 떼다 : 자기가 하고도 하지 아니한 체하거나 알고 있으면서도 모르는 체하다.

예문 네가 그런 거 다 알고 있으니 시치미를 떼지 마!

눈에 아른거리다 : 어떤 사람이나 일 따위에 관한 기억이 떠오르다.

예문 그때 먹었던 음식이 눈에 아른거린다.

시치미를 떼다

시	치	미	를		떼	다								

눈에 아른거리다

눈	에		아	른	거	리	다							

귀신의 사자성어 퀴즈

다음의 자음 글자가 들어가는 사자성어를 맞혀라! 만약 맞히지 못하면 너는 내 입속으로 들어와야 할걸.

금돼지 / 탐욕의 포식자

종류 : 선귀
스킬 : 폭식하게 만드는 검은 기운 /
　　　무지막지한 괴력
크기 : 300cm
퇴치 방법 : 따뜻한 밥을 대접하여 위로

ㅇ	ㄹ	ㅁ	ㅈ

신비의 힌트

5리나 되는 짙은 안개가 낀 것처럼 앞이 보이지 않아, 무슨 일이 일어나고 있는지 알지 못한다는 뜻이에요.

• 나 몰라라 하다
• 눈앞이 캄캄하다

가은이랑 현우는 다른 일이 있다고 먼저 갔고…

다른 친구들도 나 몰라라 하고 가버렸네.

교실 청소를 혼자 다하려니 눈앞이 캄캄하네.

오싹

혹시 악귀라도 나타나면…

나 혼자 물리칠 수 있을까?

부스럭

관용어의 뜻

나 몰라라 하다 : 어떤 일에 관심이 없어서 상관하지도 아니하고 간섭하지도 아니하다.

예문 강아지가 다쳤는데, 너는 어떻게 나 몰라라 할 수 있니?

눈앞이 캄캄하다 : 어떻게 해야 할지를 몰라 아득하다.

예문 내일 친구들 앞에서 발표할 생각을 하니 눈앞이 캄캄하다.

하리야, 내가 도와줄게!

나 몰라라 하다

나		몰	라	라		하	다	

눈앞이 캄캄하다

눈	앞	이		캄	캄	하	다	

귀신의 사자성어 퀴즈

다음의 자음 글자가 들어가는 사자성어를 꼭 맞혀야만 한다! 맞히지 못하면 내가 네 영혼을 가져갈 것이다! 크크크~

각귀 / 영혼없는 전사

종류 : 괴수
스킬 : 영혼 없이 입력된 대상만을 집요하게 추적하는 인형
크기 : 177cm
퇴치 방법 : 금비의 시간요술로 인형술사에게 조종 당하기 전의 상태로 되돌린다.

ㅈ	ㅁ	ㄱ	ㅇ

신비의 힌트

대나무로 만든 말을 타고 함께 놀던 친구라는 뜻으로 어릴 때부터 같이 놀며 자란 친구를 말해요.

정답 : 죽마고우

59

관용어와 그에 맞는 뜻이 맞게 이어지도록 선을 연결해 주세요.

눈앞이 캄캄하다 •

• 자기가 하고도 하지 아니한 체하거나 알고 있으면서도 모르는 체하다.

열을 올리다 •

• 다른 사람이나 물건에 대해 여러 번 반복해서 말하다.

시치미를 떼다 •

• 어떤 사람이나 일 따위에 관한 기억이 떠오르다.

침이 마르다 •

• 무엇에 열중하거나 열성을 보이다. 흥분하여 성을 내다.

눈에 아른거리다 •

• 어떤 일에 관심이 없어서 상관하지도 아니하고 간섭하지도 아니하다.

나 몰라라 하다 •

• 어떻게 해야 할지를 몰라 아득하다.

두 그림 중 서로 다른 곳 5군데를 찾아
아래 그림에 ○해 보세요.

소리 소문도 없이
눈코 뜰 사이 없다

진땀을 흘리다
고개를 숙이다

간이 콩알만 해지다
등 떠밀다

• 소리 소문도 없이
• 눈코 뜰 사이 없다

강림아! 갑자기 어디서 나타난 거야?

놀랐다.

하리야, 내가 도와줄게!

고마워, 강림아!

최강림, 소리 소문도 없이 나타나서 무슨 소리야? 하리는 내가 도와줄 거야.

너야말로 눈코 뜰 사이 없이 바쁘다며?

나 한가한데.

난 더 한가해.

관용어의 뜻

소리 소문도 없이 : 다른 사람들이 알지 못하게 슬그머니.

예문 아빠는 하리와 두리가 잠든 사이에 소리 소문도 없이 치킨을 먹어치웠다.

눈코 뜰 사이 없다 : 너무 바빠서 정신을 제대로 못 차리다.

예문 밀린 숙제를 하느라 밤늦게까지 눈코 뜰 사이가 없었다.

뭐야? 둘이 분위기가 왜 이래?

소리 소문도 없이

소리	소문도	없이

눈코 뜰 사이 없다

눈코	뜰	사이	없다

귀신의 사자성어 퀴즈

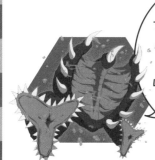

다음의 자음 글자가 들어가는 사자성어를 맞혀 보렴. 빨리 맞히지 못하면 내 입이 몇 개나 되는지 보게 될걸!

입질쟁이 / 속삭이는 검은 그림자

종류 : 선귀
스킬 : 공격 대상인 사람의 입을 지운다.
크기 : 300cm
퇴치 방법 : 가은의 위로

ㅈ	ㅈ	ㄷ	ㄷ

눈비의 힌트

행동이나 방법이 바르고 떳떳하여 다른 사람 앞에서도 부끄러움이 없을 때 하는 말이에요.

정답 : 당당정정

• 진땀을 흘리다
• 고개를 숙이다

에잇! 귀신 소환!!

아… 안 돼!

어려운 문제로 진땀을 흘리게 해주마!

으악! 또 문제야?

살고 싶다면 나한테 고개를 숙여야 할 거다!

!!

진땀을 흘리다 : 어려운 일이나 난처한 일을 당해서 진땀이 나도록 몹시 애를 쓰다.

예문 선생님은 사방에서 떠드는 아이들을 진정시키느라 진땀을 흘렸다.

고개를 숙이다 : 남에게 졌다는 것을 인정하거나 아첨하거나 겸손을 나타내기 위해 머리를 수그리다.

예문 축구 경기에서 상대 팀이 먼저 3골을 넣고 나니, 우리 팀의 고개가 저절로 숙여졌다.

내가 그리 쉽게 당할 거 같아?!

진땀을 흘리다

| 진 | 땀 | 을 | | 흘 | 리 | 다 | | |

고개를 숙이다

| 고 | 개 | 를 | | 숙 | 이 | 다 | | |

귀신의 사자성어 퀴즈

다음의 자음이 들어가는 사자성어를 맞혀 봐라! 너도 뱀파이어가 되고 싶지 않다면 말이다!

우사첩 / 핏빛제왕의 귀환

종류 : 악귀
스킬 : 뱀파이어들의 피를 빨아 그들을 조종할 수 있다.
크기 : 170cm
퇴치 방법 : 강림, 리온, 이안의 협동공격

| ㅇ | ㅈ | ㅅ | ㅈ |

신비의 힌트

상대방과 나의 입장을 바꾸어서 생각하고 이해한다는 말이에요.

• 간이 콩알만 해지다
• 등 떠밀다

자! 여기서 보고 있을 테니 멋지게 귀신의 집을 통과하고 나오너라.

하리, 두리 파이팅!!

귀신의집

나 벌써 간이 콩알만 해지는 것 같아.

으~ 우리만 등 떠밀어 보내다니! 아빠, 너무해!

관용어의 뜻

간이 콩알만 해지다 : 몹시 두려워지거나 무서워지다.

예문 갑자기 나타나니 귀신인 줄 알고 간이 콩알만 해졌잖아.

등 떠밀다 : 일을 억지로 시키거나 부추기다.

예문 우리 모둠 친구들이 나보고 발표를 하라고 등 떠밀었다.

너희는 아빠를 닮아 겁이 없으니 걱정 말고 빨리 다녀와라!

간이 콩알만 해지다

간이 　 콩알만 　 해지다

등 떠밀다

등 　 떠밀다

다음의
자음 글자를 보고
사자성어를 맞히거라!
아니면 냄새가
지독한 연기 속에
갇히고 말
것이다!

취생 / 잿빛향의 저주
종류 : 선귀
스킬 : 피부가 더러워지는 환각에 걸리게 함 /
　　　연기 형태이기 때문에 물리적 타격으로는 피해를
　　　입지 않음
크기 : 무제한
퇴치 방법 : 취생의 생전 물건을 닦아 주며 위로

ㅎ ㅅ ㅌ ㅌ

신비의 힌트

호랑이가 눈을 부릅뜨고 먹이를 노려보듯이,
남의 것을 빼앗기 위하여 가만히 기회를 엿보는
모양을 뜻해요.

정답: 호시탐탐

관용어와 그에 맞는 뜻이 맞게 이어지도록 선을 연결해 주세요.

눈코 뜰 사이 없다　●

● 일을 억지로
시키거나 부추기다.

고개를 숙이다　●

● 몹시 두려워지거나
무서워지다.

등 떠밀다　●

● 다른 사람들이 알지 못하게
슬그머니.

소리 소문도 없이　●

● 너무 바빠서 정신을
제대로 못 차리다.

진땀을 흘리다　●

● 어려운 일이나 난처한 일을
당해서 진땀이 나도록 몹시
애를 쓰다.

● 남에게 졌다는 것을 인정하거나
간이 콩알만 해지다　●　아첨하거나 겸손을 나타내기
위해 머리를 수그리다.

두 그림 중 서로 다른 곳 5군데를 찾아
아래 그림에 ○해 보세요.

동에 번쩍 서에 번쩍
귀가 번쩍 뜨이다

등골이 오싹하다
간이 크다

귀청이 떨어지다
애간장 태우다

7장

·동에 번쩍 서에 번쩍
·귀가 번쩍 뜨이다

 관용어의 뜻

동에 번쩍 서에 번쩍 : 정해진 곳이 없고 어디 있는지 모를 만큼 왔다 갔다 함을 이르는 말.

예문 사람들은 동에 번쩍, 서에 번쩍하는 그의 이름이 홍길동이라고 했다.

귀가 번쩍 뜨이다 : 들리는 말에 선뜻 마음이 끌리다.

예문 두리가 100점을 맞았다는 말에 귀가 번쩍 뜨였다.

관용어 따라 쓰기

동에 번쩍 서에 번쩍

동에　번쩍　서에　번쩍

귀가 번쩍 뜨이다

귀가　번쩍　뜨이다

귀신의 사자성어 퀴즈

다음의 자음이 들어가는 사자성어를 맞혀 봐라! 못 맞히면 네 영혼은 내 것이다.

구미호 / 아홉 개의 유혹

종류 : 괴수
스킬 : 남자아이의 영혼을 빼앗을수록 사람의 모습에
　　　가깝게 변할 수 있다.
크기 : 160cm(사람) 140cm(변신 후)
퇴치 방법 : 리온을 계기로 남자아이들의 영혼을
　　　　　다 풀어 주고 멀리 떠남

ㅅ　ㅅ　ㅂ　ㅂ

신비의 힌트

여러 가지의 잘한 일과 잘못한 일을 가려낸다는 뜻을 가진 말이에요.

시시비비 : 답정

안 되겠다!
거기 그대로 있어!
내가 데리러 갈게!

나도 같이 가!

현우, 너는?

나…
높은 곳은 너무 무서워서….

그래! 현우,
넌 여기 있어!

아래를 보니 등골이 오싹해지는 것 같아.

나는 왜 이리 겁이 많을까?
간이 컸다면 앞장섰을 텐데….

관용어의 뜻

등골이 오싹하다 : 등골에 소름이 끼칠 정도로 매우 놀라거나 무섭다.

예문 여기서 귀신을 만난다면 등골이 오싹해질 거 같다.

간이 크다 : 겁이 없고 매우 대담하다.

예문 귀신의 집에 너 혼자 들어가다니 정말 간도 크구나.

하리야!
가은아!
조심해!

등골이 오싹하다

등	골	이		오	싹	하	다	

간이 크다

간	이		크	다				

다음의 자음 글자가 들어가는 사자성어를 맞혀 봐라! 맞히지 못하면 나무 분신들이 너를 찾아갈 것이다!

당목귀 / 금지된 숲의 망령

종류 : 악귀
스킬 : 나뭇가지를 통해 다양한 생명체와 물체로
　　　 분신할 수 있음 / 무한 재생되는 본체
크기 : 4m
퇴치 방법 : 물을 흡수하는 뿌리에 전염병을 퍼트려서
　　　　　　 나무 본체를 썩게 만듦

ㄷ	ㄷ	ㅇ	ㅅ

신비의 힌트

많으면 많을수록 더욱 좋다는 뜻을 가진 말이에요.

정답 : 다다익선

·귀청이 떨어지다
·애간장 태우다

나도 이제 웬만한 악귀는 혼자 잡을 수 있다구!

나는 지금 이렇게 고민하고 있는데 잠이 오냐!!

응?

아…. 귀청이 떨어질 뻔했네.

너무 애간장 태우지 않아도 돼. 나만 믿어.

그래, 누나, 걱정 마!

왜?

관용어의 뜻

귀청이 떨어지다 : 소리가 몹시 크다.

예문 친구가 귀 옆에다 대고 귀청이 떨어질 만큼 소리를 질렀다.

애간장 태우다 : 몹시 초조하고 안타까워서 속을 많이 태우다.

예문 두리, 너 악귀한테 끌려간 줄 알고 엄청 애간장 태웠잖아?

나도 이제 웬만한 악귀는 혼자 잡을 수 있다구!

관용어 따라 쓰기

귀청이 떨어지다

| 귀 | 청 | 이 | | 떨 | 어 | 지 | 다 | | |

애간장 태우다

| 애 | 간 | 장 | | 태 | 우 | 다 | | | |

귀신의 사자성어 퀴즈

다음의 자음이 들어가는 사자성어를 맞히거라! 노란 불꽃이 너를 휘감기 전에 빨리 맞혀야 할 것이다!

청목형형 / 불타는 푸른 눈동자

종류 : 악귀
스킬 : 비명을 지르면서 노란 불꽃의 화염을 반사할 수 있다.
크기 : 40cm(금비와 동일)
퇴치 방법 : 가진 힘이 소진되어 두억시니가 조종을 그만두자 원 상태로 돌아옴

| ㅇ | ㅇ | ㅈ | ㅇ |

난비의 힌트

 이리저리 왔다 갔다 하며 어디로 나아가야 할지 방향을 정하지 못한다는 말이에요.

우왕좌왕 : 답정

79

관용어와 그에 맞는 뜻이 맞게 이어지도록 선을 연결해 주세요.

귀가 번쩍 뜨이다 •

• 소리가 몹시 크다.

애간장 태우다 •

• 정해진 곳이 없고 어디 있는지 모를 만큼 왔다 갔다 함을 이르는 말.

간이 크다 •

• 들리는 말에 선뜻 마음이 끌리다.

동에 번쩍 서에 번쩍 •

• 겁이 없고 매우 대담하다.

귀청이 떨어지다 •

• 등골에 소름이 끼칠 정도로 매우 놀라거나 무섭다.

등골이 오싹하다 •

• 몹시 초조하고 안타까워서 속을 많이 태우다.

두 그림 중 서로 다른 곳 5군데를 찾아
아래 그림에 ○해 보세요.

열을 내다
꿈에도 생각지 못하다

골탕을 먹이다
꽁무니를 따라다니다

혀를 차다
간에 기별도 안 가다

8장

· 열을 내다
· 꿈에도 생각지 못하다

미리부터 걱정하며 열을 낼 필요는 없겠지.

아…참, 하리 너 내일 어디 간다고 하지 않았어?

응!

꿈에도 생각지 못했던 알파카 농장에 가게 되었어.

무슨 일 생기면 바로 날 소환해, 알았지?

응!

관용어의 뜻

열을 내다 : 어떤 일에 흥분해서 화를 내듯 하다.

예문 무조건 열을 낼 일이 아니니, 일단 침착하게 생각해.

꿈에도 생각지 못하다 : 전혀 생각하지 못하다.

예문 두리, 네가 2자리수 덧셈을 할 수 있을 거라고는 꿈에도 생각지 못했어.

그래, 바로 신비 너를 부를게.

열을 내다

열	을		내	다					

꿈에도 생각지 못하다

꿈	에	도		생	각	지		못	하	다

귀신의 사자성어 퀴즈

다음의 자음 글자로 된 사자성어를 맞히거라. 그렇지 않으면 붉은 구슬 속의 악귀들이 튀쳐나와 너를 괴롭힐 것이다!

두억시니 / 저주받은 신의 아이
종류 : 도깨비
스킬 : 품속의 붉은 구슬 속에 봉인된 악귀들을 마음대로
　　　부릴 수 있다 / 거대한 방망이를 휘둘러 공격하고
　　　방망이에 붉은 기운을 끌어 모아 강한 공격을 한다.
크기 : 300cm
퇴치 방법 : 착한 도깨비였을 때의 마을사람들의
　　　　　영혼과 재회 후 한을 풀고 승천

ㅇ	ㄱ	ㅁ	ㅇ

신비의 힌트

입이 있지만, 할 말이 없다는 뜻이에요.

정답 : 유구무언

골탕을 먹이다 : 한꺼번에 크게 손해를 입히거나 낭패를 당하게 만들다.

예문 아무래도 현우가 나를 골탕을 먹이려고 장난친 거 같아.

꽁무니를 따라다니다 : 무언가 얻기를 바라면서 부지런히 바싹 쫓아다니다.

예문 금비야, 왜 매일 내 꽁무니만 졸졸 따라다니는 거야?

골탕을 먹이다

골	탕	을		먹	이	다				

꽁무니를 따라다니다

꽁	무	니	를		따	라	다	니	다

귀신의 사자성어 퀴즈

다음의
자음 글자를 보고
사자성어를 맞히거라!
쥐들을 괴물로 변신시켜
너를 쫓을 것이다!

진명 / 검은 퇴마사

종류 : 악귀
스킬 : 쥐들을 괴물로 변신시켜 부하로 조종하는 능력 /
사람에게 빙의해서 조종하는 능력
크기 : 175cm
퇴치 방법 : 강림이 수신의 불로 소멸시킴

ㅅ	ㅈ	ㅍ	ㄱ

난비의 힌트

열 가운데 여덟이나 아홉 정도로 틀림없다라는
뜻이에요.

정답 : 십중팔구

·혀를 차다
·간에 기별도 안 가다

흥! 칫! 핏! 밸런타인데이도 아닌데 웬 초콜릿~

현우야, 왜 네가 혀를 차는데?

하하~

난 초콜릿 별로 안 좋아 하는데….

이거 우리 같이 먹자.

그래도 리온 너한테 선물로 준 건데, 네가 다 먹는 게….

아냐! 먹자, 먹어.

나눠 먹으면 간에 기별도 안 가겠지만!

아! 그런데….

관용어의 뜻

혀를 차다 : 마음이 언짢거나 좋지 않음을 나타내다.

예문 놀이터에 버려진 쓰레기를 보고 지나는 사람마다 혀를 찼다.

간에 기별도 안 가다 : 먹은 것이 너무 적어 먹으나 마나 하다

예문 라면 한 개로는 간에 기별도 안 가는데….

아무튼 현우 너는 먹는 거에 너무 약해!

혀를 차다

혀	를		차	다					

간에 기별도 안 가다

간	에		기	별	도		안		가	다

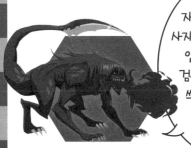

다음의 자음 글자를 가진 사자성어를 맞히거라! 입에서 토해내는 검은 기운으로 너를 쓰러트리기 전에 빨리 맞혀야 할 것이다!

양쾡이 / 어둠의 사신

종류 : 선귀
스킬 : 낫이 달린 꼬리를 이용한 공격 /
　　　 입에서 토해내는 검은 기운(역병의 기운)
크기 : 180cm
퇴치 방법 : 상처투성이인 발에 신발을 선물해 주며
　　　　　 위로

ㅌ	ㅅ	ㅈ	ㅅ

신비의 힌트

다른 산의 돌이라는 뜻으로, 다른 사람의 말과 행동이 나에게 도움이 된다는 말이에요.

정답 : 타산지석

관용어와 그에 맞는 뜻이
맞게 이어지도록 선을 연결해 주세요.

간에 기별도 안 가다 ●   ● 전혀 생각하지 못하다.

열을 내다 ●   ● 먹은 것이 너무 적어 먹으나 마나 하다.

골탕을 먹이다 ●   ● 어떤 일에 흥분해서 화를 내듯 하다.

꿈에도 생각지 못하다 ●   ● 한꺼번에 크게 손해를 입히거나 낭패를 당하게 만들다.

혀를 차다 ●   ● 무언가 얻기를 바라면서 부지런히 바싹 쫓아다니다.

꽁무니를 따라다니다 ●   ● 마음이 언짢거나 좋지 않음을 나타내다.

두 그림 중 서로 다른 곳 5군데를 찾아
아래 그림에 ○해 보세요.

꼬리에 꼬리를 물다
피가 마르다

게 눈 감추듯
넋을 잃다

손을 뻗치다
밤낮을 가리지 않다

·꼬리에 꼬리를 물다
·피가 마르다

꼬리에 꼬리를 물다 : 계속 이어지다.

예문 소문은 꼬리에 꼬리를 물고 온 동네에 퍼져 나갔다.

피가 마르다 : 걱정이 쌓여 몹시 괴롭고 애가 타다.

예문 아이를 찾지 못하자, 엄마는 온몸에 피가 말랐다.

꼬리에 꼬리를 물다

꼬리에 꼬리를 물다

피가 마르다

피가 마르다

다음의 자음 글자로 된 사자성어를 맞히거라! 너도 나처럼 닥치는 대로 먹어치우는 귀신으로 만들기 전에 맞히는 게 좋을걸!

금돼지 / 탐욕의 포식자

종류 : 선귀
스킬 : 폭식하게 만드는 검은 기운 /
　　　무지막지한 괴력
크기 : 300cm
퇴치 방법 : 따뜻한 밥을 대접하여 위로

| ㅇ | ㅈ | ㅇ | ㅅ |

신비의 힌트

자기 논에 물 대기라는 뜻으로, 자기에게만 이익이 되도록 생각하거나 행동하는 것을 뜻해요.

아전인수 : 답정

·게 눈 감추듯
·넋을 잃다

아… 큰일이네.

오늘 우리 반 신체검사 날인데….

요즘 살이 부쩍 찐 것 같아.

두리가 옆에서 게 눈 감추듯 먹어대니까 나까지 먹게 되잖아.

하리야, 왜 넋을 잃고 서 있어?

앗! 강림아!

 관용어의 뜻

게 눈 감추듯 : 음식을 허겁지겁 빨리 먹어 치우는 모습을 표현한 말.

예문 옆집 아이는 게 눈 감추듯 잔치 음식을 먹어치웠다.

넋을 잃다 : 제정신을 잃고 멍한 상태가 되거나 정신을 잃다.

예문 서커스 구경을 하느라 다들 넋을 잃고 있었다.

강림이도 내가 살쩐 걸 눈치챘을까?

게 눈 감추듯

게 눈 감추듯

넋을 잃다

넋을 잃다

다음의 자음 글자가 들어가는 사자성어를 맞혀 보아라! 맞히지 못하면 내가 너를 세상 끝까지 쫓아가겠다!

각귀 / 영혼없는 전사

종류 : 괴수
스킬 : 영혼 없이 입력된 대상만을 집요하게 추적하는 인형
크기 : 177cm
퇴치 방법 : 금비의 시간요술로 인형술사에게 조종 당하기 전의 상태로 되돌린다.

| ㅅ | ㅅ | ㅅ | ㄱ |

금비의 힌트

깊이 여러 번 잘 생각하는 것을 뜻해요.

정답 : 심사숙고

• 손을 뻗치다
• 밤낮을 가리지 않다

다행이다~

응? 뭐가?

아니… 아니야!

버스에 나타났던 귀신 이야기는 들었어.

응… 무서웠어….

아무래도 귀신들이 학교까지 손을 뻗친 것 같아.

귀신들이 밤낮을 가리지 않고 나타나면 어떡하지?

……

손을 뻗치다 : 이제까지 하지 아니하던 일까지 활동 범위를 넓히다.

예문 할아버지는 노인정을 넘어 온 동네에 손을 뻗쳐 폐지를 모으기 시작했다.

밤낮을 가리지 않다 : 쉬지 않고 계속하다.

예문 밤낮을 가리지 않고 공부하더니 성적이 올랐다.

하리는 원래 겁이 없었던 거 같은데…

98

손을 뻗치다

손	을		뻗	치	다				

밤낮을 가리지 않다

밤	낮	을		가	리	지		않	다

다음의 자음 글자로 된 사자성어를 맞히거라! 내가 너도 뱀파이어로 만들기 전에 맞혀야 할 것이다!

우사첩 / 핏빛제왕의 귀환

종류 : 악귀
스킬 : 뱀파이어들의 피를 빨아 그들을 조종할 수 있다.
크기 : 170cm
퇴치 방법 : 강림, 리온, 이안의 협동공격

ㅇ	ㅇ	ㅂ	ㄷ

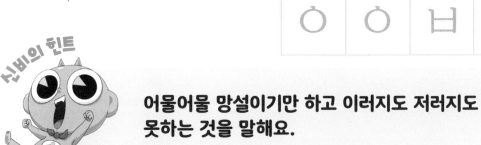

난비의 힌트

어물어물 망설이기만 하고 이러지도 저러지도 못하는 것을 말해요.

관용어와 그에 맞는 뜻이 맞게 이어지도록 선을 연결해 주세요.

게 눈 감추듯 •　　　• 쉬지 않고 계속하다.

꼬리에 꼬리를 물다 •　　　• 이제까지 하지 아니하던 일까지 활동 범위를 넓히다.

손을 뻗치다 •　　　• 음식을 허겁지겁 빨리 먹어 치우는 모습을 표현한 말

피가 마르다 •　　　• 제정신을 잃고 멍한 상태가 되거나 정신을 잃다.

밤낮을 가리지 않다 •　　　• 걱정이 쌓여 몹시 괴롭고 애가 타다.

넋을 잃다 •　　　• 계속 이어지다.

두 그림 중 서로 다른 곳 5군데를 찾아
아래 그림에 ○해 보세요.

정답

두리와 함께 하는 관용어 복습

관용어와 그에 맞는 뜻이
맞게 이어지도록 선을 연결해 주세요.

귀에 못이 박히다

입에 달고 다니다

자취를 감추다

뜨거운 맛을 보다

숨 돌릴 사이도 없다

눈이 번쩍 뜨이다

빨리 움직이느라
숨이 가빠졌지만,
그걸 가라앉힐 여유가 없다.

정신이 갑자기 확 들다.

남이 모르게
어디로 가거나 숨다.

큰 고통이나
어려운 일을 겪다.

똑같은 말을 여러 번
계속 반복해서 듣다.

먹을 것을 쉴 새 없이
입에서 떼지 아니하고 지내다.

20

신비 친구들과 놀이 타임!

두 그림 중 서로 다른 곳 5군데를 찾아
아래 그림에 ◯해 보세요.

21

두리와 함께 하는 관용어 복습

관용어와 그에 맞는 뜻이
맞게 이어지도록 선을 연결해 주세요.

눈도 깜짝 안 하다

식은 죽 먹기

화통을 삶아 먹다

머리털이 곤두서다

간이 오그라들다

말꼬리를
물고 늘어지다

몹시 무서워서
마음이 졸아들다.

큰일을 당하고도
조금도 놀라지 않고 태연하다.

무섭거나 놀라서
날카롭게 신경이 긴장되다.

남의 말 가운데서 한두 마디의
꼬투리를 잡아 따지고 들다.

목소리가 엄청 크다.

거리낌 없이 아주 쉽게
예사로 하는 모양.

30

신비 친구들과 놀이 타임!

두 그림 중 서로 다른 곳 5군데를 찾아
아래 그림에 ◯해 보세요.

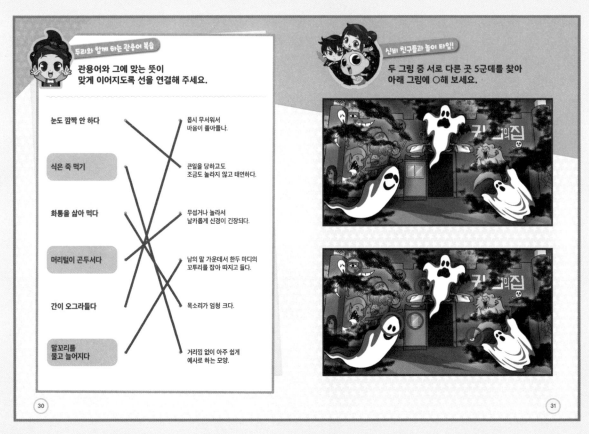

31

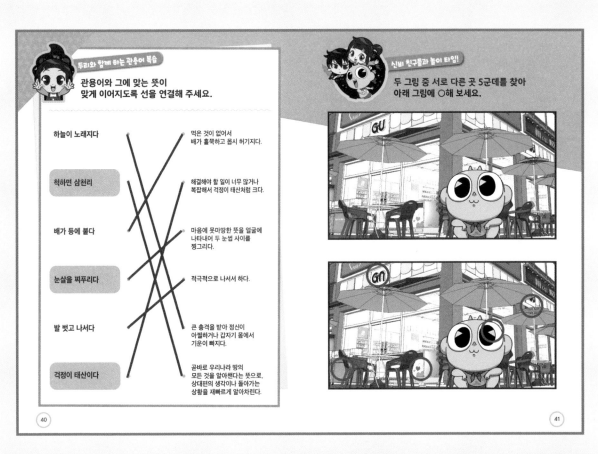

두리와 함께 하는 관용어 복습

관용어와 그에 맞는 뜻이
맞게 이어지도록 선을 연결해 주세요.

하늘이 노래지다 — 먹은 것이 없어서 배가 홀쭉하고 몹시 허기지다.

척하면 삼천리 — 해결해야 할 일이 너무 많거나 복잡해서 걱정이 태산처럼 크다.

배가 등에 붙다 — 마음에 못마땅한 뜻을 얼굴에 나타내어 두 눈썹 사이를 찡그리다.

눈살을 찌푸리다 — 적극적으로 나서서 하다.

발 벗고 나서다 — 큰 충격을 받아 정신이 아찔하거나 갑자기 몸에서 기운이 빠지다.

걱정이 태산이다 — 곧바로 우리나라 땅의 모든 것을 알아챈다는 뜻으로, 상대편의 생각이나 돌아가는 상황을 재빠르게 알아차린다.

신비 친구들과 놀이 타임!

두 그림 중 서로 다른 곳 5군데를 찾아
아래 그림에 ○해 보세요.

40

41

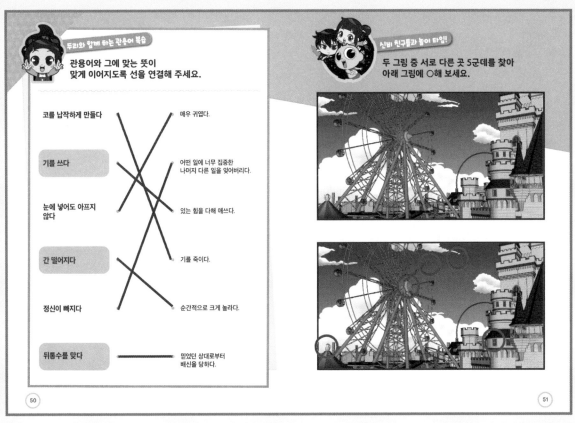

두리와 함께 하는 관용어 복습

관용어와 그에 맞는 뜻이
맞게 이어지도록 선을 연결해 주세요.

코를 납작하게 만들다 — 매우 귀엽다.

기를 쓰다 — 어떤 일에 너무 집중한 나머지 다른 일을 잊어버리다.

눈에 넣어도 아프지 않다 — 있는 힘을 다해 애쓰다.

간 떨어지다 — 기를 죽이다.

정신이 빠지다 — 순간적으로 크게 놀라다.

뒤통수를 맞다 — 믿었던 상대로부터 배신을 당하다.

신비 친구들과 놀이 타임!

두 그림 중 서로 다른 곳 5군데를 찾아
아래 그림에 ○해 보세요.

50

51

관용어 정답

두리와 함께 하는 관용어 복습

관용어와 그에 맞는 뜻이 맞게 이어지도록 선을 연결해 주세요.

눈앞이 캄캄하다 — 자기가 하고도 하지 아니한 체하거나 알고 있으면서도 모르는 체하다.

열을 올리다 — 다른 사람이나 물건에 대해 여러 번 반복해서 말하다.

시치미를 떼다 — 어떤 사람이나 일 따위에 관한 기억이 떠오르다.

침이 마르다 — 무엇에 열중하거나 열성을 보이다. 흥분하여 성을 내다.

눈에 아른거리다 — 어떤 일에 관심이 없어서 상관하지도 아니하고 간섭하지도 아니하다.

나 몰라라 하다 — 어떻게 해야 할지를 몰라 아득하다.

신비 친구들과 놀이 타임!

두 그림 중 서로 다른 곳 5군데를 찾아 아래 그림에 ○해 보세요.

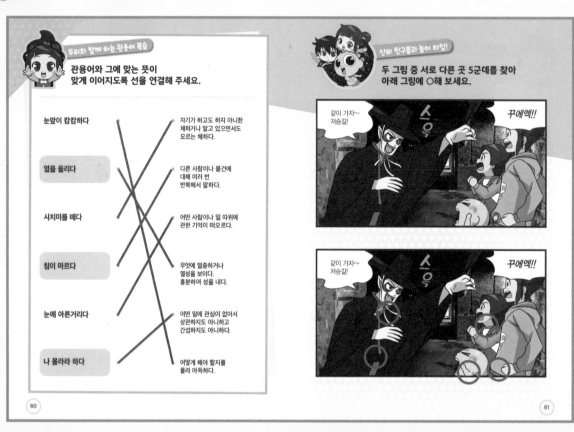

같이 가자~ 저승길! 꾸에엑!!

60 / 61

두리와 함께 하는 관용어 복습

관용어와 그에 맞는 뜻이 맞게 이어지도록 선을 연결해 주세요.

눈코 뜰 사이 없다 — 일을 억지로 시키거나 부추기다.

고개를 숙이다 — 몹시 두려워지거나 무서워지다.

등 떠밀다 — 다른 사람들이 알지 못하게 슬그머니.

소리 소문도 없이 — 너무 바빠서 정신을 제대로 못 차리다.

진땀을 흘리다 — 어려운 일이나 난처한 일을 당해서 진땀이 나도록 몹시 애를 쓰다.

간이 콩알만 해지다 — 남에게 졌다는 것을 인정하거나 아첨하거나 겸손을 나타내기 위해 머리를 수그리다.

신비 친구들과 놀이 타임!

두 그림 중 서로 다른 곳 5군데를 찾아 아래 그림에 ○해 보세요.

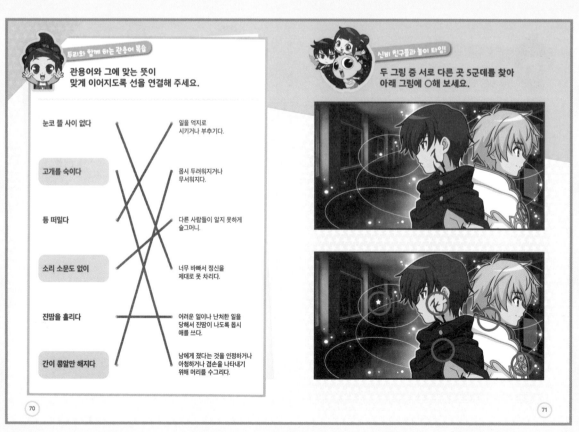

70 / 71

106

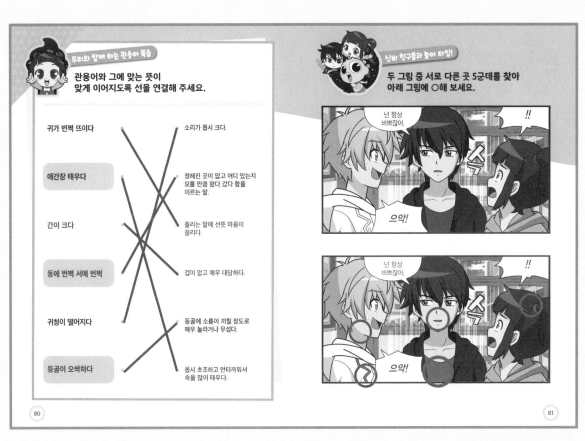

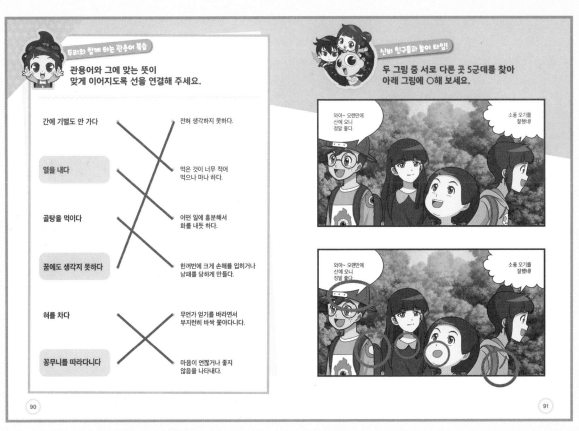

관용어 정답

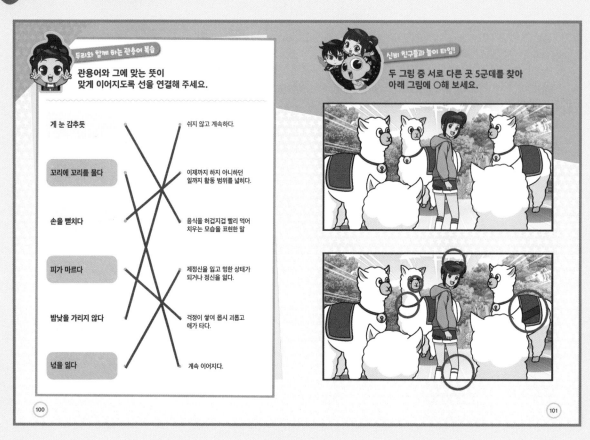

두리와 함께 하는 관용어 복습

관용어와 그에 맞는 뜻이
맞게 이어지도록 선을 연결해 주세요.

관용어	뜻
게 눈 감추듯	쉬지 않고 계속하다.
꼬리에 꼬리를 물다	이제까지 하지 아니하던 일까지 활동 범위를 넓히다.
손을 뻗치다	음식을 허겁지겁 빨리 먹어 치우는 모습을 표현한 말
피가 마르다	제정신을 잃고 멍한 상태가 되거나 정신을 잃다.
밤낮을 가리지 않다	걱정이 쌓여 몹시 괴롭고 애가 타다.
넋을 잃다	계속 이어지다.

100

신비 친구들과 놀이 타임!

두 그림 중 서로 다른 곳 5군데를 찾아
아래 그림에 ◯해 보세요.

101

이 책에 나오는 관용어

(가나다 순)

이 책에 나오는 관용어(가나다순)

ㄱ

간에 기별도 안 가다 : 먹은 것이 너무 적어 먹으나 마나 하다.

간 떨어지다 : 순간적으로 크게 놀라다.

간이 오그라들다 : 몹시 무서워서 마음이 졸아들다.

간이 콩알만 해지다 : 몹시 두려워지거나 무서워지다.

간이 크다 : 겁이 없고 매우 대담하다.

걱정이 태산이다 : 해결해야 할 일이 너무 많거나 복잡해서 걱정이 태산처럼 크다.

게 눈 감추듯 : 음식을 허겁지겁 빨리 먹어 치우는 모습을 표현한 말.

고개를 숙이다 : 남에게 졌다는 것을 인정하거나 아첨하거나 겸손을 나타내기 위해 머리를 수그리다.

골탕을 먹이다 : 한꺼번에 크게 손해를 입히거나 낭패를 당하게 만들다.

귀가 번쩍 뜨이다 : 들리는 말에 선뜻 마음이 끌리다.

귀에 못이 박히다 : 똑같은 말을 여러 번 계속 반복해서 듣다.

귀청이 떨어지다 : 소리가 몹시 크다.

기를 쓰다 : 있는 힘을 다해 애쓰다.

꼬리에 꼬리를 물다 : 계속 이어지다.

꽁무니를 따라다니다 : 무언가 얻기를 바라면서 부지런히 바싹 쫓아다니다.

꿈에도 생각지 못하다 : 전혀 생각하지 못하다.

ㄴ

나 몰라라 하다 : 어떤 일에 관심이 없어서 상관하지도 아니하고 간섭하지도 아니하다.

넋을 잃다 : 제정신을 잃고 멍한 상태가 되거나 정신을 잃다.

눈도 깜짝 안 하다 : 큰일을 당하고도 조금도 놀라지 않고 태연하다.

눈살을 찌푸리다 : 마음에 못마땅한 뜻을 얼굴에 나타내어 두 눈썹 사이를 찡그리다.

눈앞이 캄캄하다 : 어떻게 해야 할지를 몰라 아득하다.

눈에 넣어도 아프지 않다 : 매우 귀엽다.

눈에 아른거리다 : 어떤 사람이나 일 따위에 관한 기억이 떠오르다.

눈이 번쩍 뜨이다 : 정신이 갑자기 확 들다.

눈코 뜰 사이 없다 : 너무 바빠서 정신을 제대로 못 차리다.

ㄷ

동에 번쩍 서에 번쩍 : 정해진 곳이 없고 어디 있는지 모를 만큼 왔다 갔다 함을 이르는 말.

뒤통수를 맞다 : 믿었던 상대로부터 배신을 당하다. 신체적이나 정신적으로 예상치 못한 공격을 받다.

등 떠밀다 : 일을 억지로 시키거나 부추기다.

등골이 오싹하다 : 등골에 소름이 끼칠 정도로 매우 놀라거나 무섭다.

뜨거운 맛을 보다 : 큰 고통이나 어려운 일을 겪다.

ㅁ

말꼬리를 물고 늘어지다 : 남의 말 가운데서 한 두 마디의 꼬투리를 잡아 따지고 들다.

머리털이 곤두서다 : 무섭거나 놀라서 날카롭게 신경이 긴장되다.

ㅂ

발 벗고 나서다 : 적극적으로 나서서 하다.

밤낮을 가리지 않다 : 쉬지 않고 계속하다.

배가 등에 붙다 : 먹은 것이 없어서 배가 홀쭉하고 몹시 허기지다.

ㅅ

소리 소문도 없이 : 다른 사람들이 알지 못하게 슬그머니 움직이는 모양.

손을 뻗치다 : 이제까지 하지 아니하던 일까지 활동 범위를 넓히다.

숨 돌릴 사이도 없다 : 빨리 움직이느라 숨이 가빠졌지만, 그걸 가라앉힐 여유가 없다.

시치미를 떼다 : 자기가 하고도 하지 아니한 체하거나 알고 있으면서도 모르는 체하다.

식은 죽 먹기 : 망설임 없이 아주 쉽게 하는 모양.

ㅇ

애간장 태우다 : 몹시 초조하고 안타까워서 속을 많이 태우다.

열을 내다 : 어떤 일에 흥분해서 화를 내듯 하다.

열을 올리다 : 무엇에 열중하거나 열성을 보이다. 흥분하여 성을 내다.

입에 달고 다니다 : 먹을 것을 쉴 새 없이 입에서 떼지 않고 지내다.

ㅈ

자취를 감추다 : 남이 모르게 어디로 가거나 숨다.

정신이 빠지다 : 어떤 일에 너무 집중한 나머지 다른 일을 잊어버리다.

진땀을 흘리다 : 어려운 일이나 난처한 일을 당해서 진땀이 나도록 몹시 애를 쓰다.

ㅊ

척하면 삼천리 : 곧바로 우리나라 땅의 모든 것을 알아챈다는 뜻으로, 상대편의 생각이나 돌아가는 상황을 재빠르게 알아차리는 경우를 이르는 말.

침이 마르다 : 다른 사람이나 물건에 대하여 여러 번 반복해서 말하다.

ㅋ

코를 납작하게 만들다 : 기를 죽이다.

ㅍ

피가 마르다 : 걱정이 쌓여 몹시 괴롭고 애가 타다.

ㅎ

하늘이 노래지다 : 큰 충격을 받아 정신이 아찔하거나 갑자기 몸에서 기운이 빠지다.

화통을 삶아 먹다 : 목소리가 엄청 크다.

혀를 차다 : 마음이 언짢거나 좋지 않음을 나타내다.

공포의 교과서
관용어 따라쓰기 ①

2021년 5월 15일 초판 인쇄
2021년 5월 25일 초판 발행

발행인 정동훈
편집인 여영아
편집 송미진, 김학림
본문 구성 이정아
디자인 design S
제작 김종훈
발행처 (주)학산문화사

등록 1995년 7월 1일 제3-632호
주소 서울 동작구 상도로 282 학산빌딩
전화 편집 문의 02-828-8823, 8826 영업 문의 02-828-8962
팩스 02-823-5109
홈페이지 http://www.haksanpub.co.kr

ISBN 979-11-348-8652-3
ISBN 979-11-348-8651-6 (세트)